DIALOGUE,
OU
SATIRE X.

Du Sieur D*** *Boileau Despreaux*

A PARIS,
Chez DENYS THIERRY, ruë Saint Jacques,
devant la ruë du Plâtre, à la Ville de Paris.

M. DC. XCIV.
AVEC PRIVILEGE DU ROY.

AU LECTEUR.

OICI enfin la Satire qu'on me demande depuis si long-temps. Si j'ay tant tardé à la mettre au jour, c'est que j'ay esté bien aise qu'elle ne parût qu'avec la nouvelle édition qu'on faisoit de mon Livre, où je voulois qu'elle fust inserée. Plusieurs de mes Amis à qui je l'ay lûë, en ont parlé dans le monde avec de grands éloges, & ont publié que c'estoit la meilleure de mes Satires. Ils ne m'ont pas en cela fait plaisir. Je connois le Public. Je sçay que naturellement il se revolte contre ces loüanges outrées qu'on donne aux Ouvrages avant qu'ils aïent paru; & que la pluspart des Lecteurs ne lisent ce qu'on leur a élevé si haut, qu'avec un dessein formé de le rabbaisser.

Je declare donc, que je ne veux point profiter de ces discours avantageux : & non seulement je laisse au Public son jugement libre, mais je donne plein pouvoir à tous ceux qui ont tant critiqué mon Ode sur Namur, d'exercer aussi contre ma Satire toute la rigueur de leur critique. J'espere qu'ils le feront avec le mesme succés : & je puis les asseurer que tous leurs discours ne m'obligeront point à rompre l'espece de vœu que j'ay fait de ne jamais deffendre

AU LECTEUR.

mes Ouvrages, quand on n'en attaquera que les mots & les syllabes. Je sçauray fort bien soûtenir contre ces Censeurs, Homere, Horace, Virgile, & tous ces autres grands Personnages dont j'admire les écrits : mais pour mes écrits, que je n'admire point, c'est à ceux qui les approuveront à trouver des raisons pour les deffendre. C'est tout l'avis que j'ay à donner ici au Lecteur.

La bienseance neanmoins voudroit, ce me semble, que je fisse quelque excuse au Beau Sexe, de la liberté que je me suis donnée de peindre ses vices. Mais au fond, toutes les peintures que je fais dans ma Satire sont si generales, que bien loin d'apprehender que les Femmes s'en offensent, c'est sur leur approbation & sur leur curiosité que je fonde la plus grande esperance du succés de mon Ouvrage. Une chose au moins dont je suis certain qu'elles me loüeront, c'est d'avoir trouvé moyen dans une matiere aussi délicate que celle que j'y traite, de ne pas laisser échaper un seul mot qui pût blesser le moins du monde la pudeur. J'espere donc que j'obtiendray aisément ma grace, & qu'elles ne seront pas plus choquées des predications que je fais contre leurs defauts dans cette Satire, que des Satires que les Predicateurs font tous les jours en chaire contre ces mesmes défauts.

SATIRE X.

SATIRE X.

ENFIN bornant le cours de tes galanteries,
Alcippe, il est donc vray, dans peu tu te maries.
Sur l'argent, c'est tout dire, on est déja d'accord.
Ton Beaupere futur vuide son coffre fort :
Et déja le Notaire a, d'un stile energique,
Griffonné de ton joug l'instrument authentique.
C'est bien fait. Il est temps de fixer tes desirs.
Ainsi que ses chagrins l'Hymen a ses plaisirs.
Quelle joye en effet, Quelle douceur extrême !
De se voir caressé d'une Epouse qu'on aime :
De s'entendre appeller petit Cœur, ou mon Bon ;
De voir autour de soi croistre dans sa maison,
Sous les paisibles loix d'une agreable Mere,
De petits Citoyens dont on croit estre Pere !
Quel charme ! au moindre mal qui nous vient menacer,
De la voir aussi-tost accourir, s'empresser,

A.

SATIRE.

S'effrayer d'un peril qui n'a point d'apparence,
Et souvent de douleur se pasmer par avance.
Car tu ne seras point de ces Jaloux affreux,
Habiles à se rendre inquiets, malheureux,
Qui tandis qu'une Epouse à leurs yeux se desole,
Pensent toûjours qu'un autre en secret la console.

  Mais quoy, je voy déja que ce discours t'aigrit.
Charmé de Juvenal*, & plein de son esprit
Venez-vous, diras-tu, dans une piece outrée,
Comme lui nous chanter: *Que dés le temps de Rhée
La Chasteté déja, la rougeur sur le front,
Avoit chés les Humains receu plus d'un affront:
Qu'on vid avec le fer naistre les Injustices,
L'Impieté, l'Orgueil, & tous les autres Vices,
Mais que la Bonne foy dans l'amour conjugal
N'alla point jusqu'au temps du troisiéme Metal?
Ces mots ont dans sa bouche une emphâze admirable:
Mais je vous diray, moi, sans alleguer la fable:
Que si sous Adam mesme & loin avant Noé,
Le Vice audacieux des Hommes avoüé
A la triste Innocence en tous lieux fit la guerre,
Il demeura pourtant de l'honneur sur la Terre:
Qu'aux temps les plus féconds en Phrynés, en Lays
Plus d'une Penelope honora son pays;
Et que mesme aujourd'hui, sur ces fameux modeles,
On peut trouver encor quelques Femmes fideles.

* Juvenal a fait une Satire contre les Femmes qui est son plus bel ouvrage.

* Paroles du commencement de la Satire de Juvenal.

SATIRE.

Sans doute ; & dans Paris, si je sçay bien compter,
Il en est jusqu'à trois que je pourois citer.
Ton Epouse dans peu sera la quatriéme.
Je le veux croire ainsi : Mais la Chasteté mesme
Sous ce beau nom d'Epouse entrast-elle chés toy ;
De retour d'un voiage, en arrivant, croy moy,
Fais toûjours du logis avertir la maistresse.
Tel partit tout baigné des pleurs de sa Lucresse,
Qui faute d'avoir pris ce soin judicieux,
Trouva. Tu sçais... Je sçay que d'un conte odieux
Vous avés comme moy sali vostre memoire.
Mais laissons-là, dis-tu, Joconde & son histoire.
Du projet d'un Hymen déja fort avancé,
Devant vous aujourd'hui criminel denoncé,
Et mis sur la sellette aux piés de la Critique,
Je voy bien tout de bon qu'il faut que je m'explique.
 Jeune autrefois par vous dans le monde conduit
J'ay trop bien profité, pour n'estre pas instruit
A quels discours malins le Mariage expoze.
Je sçai, que c'est un texte où chacun fait sa gloze :
Que de Maris trompés tout rit dans l'Univers,
Epigrammes, Chansons, Rondeaux, Fables en vers,
Satire, Comedie, & sur cette matiere,
J'ay veû tout ce qu'ont fait La Fontaine & Moliere,
J'ay leû tout ce qu'ont dit Villon, & Saint Gelais,
Arioste, Marot, Bocace, Rabelais,

        A ij

SATIRE.

Et tous ces vieux Recueils de Satires naïves
Des malices du Sexe immortelles archives.
Mais, tout bien balancé, j'ay pourtant reconnu,
Que de ces contes vains le monde entretenu
N'en a pas de l'Hymen moins veû fleurir l'usage;
Que sous ce joug moqué tout à la fin s'engage:
Qu'à ce commun filet les Railleurs mesmes pris
Ont esté tres-souvent de commodes Maris;
Et que pour estre heureux sous ce joug salutaire
Tout depend en un mot du bon choix qu'on sçait faire.
Enfin, Il faut ici parler de bonne foy,
Je vieillis; & ne puis regarder sans effroy,
Ces Neveux affamés, dont l'importun visage
De mon bien à mes yeux fait deja le partage.
Je croy déja les voir, au moment annoncé
Qu'à la fin, sans retour, leur cher Oncle est passé,
Sur quelques pleurs forcés, qu'ils auront soin qu'on voye,
Se faire consoler du sujet de leur joye.
Je me fais un plaisir, à ne vous rien celer,
De pouvoir, moi vivant, dans peu les desoler;
Et trompant un espoir pour eux si plein de charmes,
Arracher de leurs yeux de veritables larmes.

    Vous dirai-je encor plus ? Soit foiblesse, ou raison,
Je suis las de me voir les soirs en ma maison
Seul avec des Valets souvent voleurs & traistres,
Et toûjours à coup seur ennemis de leurs Maistres.

SATIRE.

Je ne me couche point, qu'aussi-tost dans mon lit
Un souvenir fascheux n'apporte à mon esprit
Ces Histoires de morts lamentables, tragiques,
Dont Paris tous les ans peut grossir ses Chroniques.
Dépoüillons-nous ici d'une vaine fierté:
Nous naissons, nous vivons pour la societé.
A nous-mesmes livrés dans une solitude
Nostre bonheur bien-tost fait nostre inquietude;
Et si, durant un jour, nostre premier Ayeul
Plus riche d'une coste avoit vescu tout seul,
Je doute, en sa demeure alors si fortunée,
S'il n'eust point prié Dieu d'abreger la journée.
N'allons donc point ici reformer l'Univers,
Ni par de vains discours, & de frivoles vers
E'talant au Public nostre misanthropie,
Censurer le lien le plus doux de la vie.
Laissons-là, croyés-moi, le monde tel qu'il est.
L'Hymenée est un joug, & c'est ce qui m'en plaist.
L'Homme en ses passions toûjours errant sans guide
A besoin qu'on lui mette & le mors & la bride.
Son pouvoir malheureux ne sert qu'à le gesner,
Et pour le rendre libre, il le faut enchaîner.
C'est ainsi que souvent la main de Dieu l'assiste.
Ha bon! voila parler en docte Jansenite!
Alcippe, & sur ce point si sçavamment touché.   * Le Pere
Des-mares,* dans saint Roch, n'auroit pas mieux presché. Des-mares
                                              A iij   fameux Pre-
                                                             dicateur.

*Mais c'est trop t'insulter. Quittons la raillerie:
Parlons sans hyperbole & sans plaisanterie.
Tu viens de mettre ici l'Hymen en son beau-jour.
Enten donc : & permets, que je presche à mon tour.
   L'Epouse que tu prens, sans tache en sa conduite,
Aux vertus, m'a-t-on dit, dans Port-Royal instruite.
Aux loix de son devoir regle tous ses desirs.
Mais qui peut t'assurer, qu'invincible aux plaisirs
Chés toy dans une vie ouverte à la licence,
Elle conservera sa premiere innocence?
Par toi-mesme bien-tost conduite à l'Opera,
De quel air penses-tu, que ta Sainte verra
D'un spectacle enchanteur la pompe harmonieuse,
Ces danses, ces Heros à voix luxurieuse;
Entendra ces discours sur l'amour seul roulans,
Ces doucereux Renauds, ces insensez Rolands ;
Sçaura d'eux qu'à l'Amour, côme au seul Dieu suprême,
On doit immoler tout, jusqu'à la vertu mesme :
Qu'on ne sçauroit trop tost se laisser enflammer:
Qu'on n'a receu du Ciel un cœur que pour aimer;
Et tous ces Lieux communs de Morale lubrique
Que Lully rechauffa des sons de sa musique?
Mais de quels mouvemens dans son cœur excités
Sentira-t-elle alors tous ses sens agités?
Je ne te répons pas, qu'au retour moins timide
Digne Ecoliere enfin d'Angelique & d'Armide,*

SATIRE.

Elle n'aille à l'instant pleine de ces doux sons,
Avec quelque Medor pratiquer ces leçons.
   Supposons toutefois, qu'encor fidele & pure
Sa vertu de ce choc revienne sans blessure.
Bien-tost dans ce grand Monde, où tu vas l'entraîner,
Au milieu des écueils qui vont l'environner,
Crois-tu que toûjours ferme aux bords du precipice
Elle pourra marcher sans que le pié lui glisse ?
Que toûjours insensible aux discours enchanteurs
D'un idolâtre amas de jeunes Seducteurs,
Sa sagesse jamais ne deviendra folie.
D'abord tu la verras, ainsi que dans Clélie,
Recevant ses Amans sous le doux nom d'Amis,
S'en tenir avec eux aux petits soins permis ;
Puis bien-tost en grande eau sur le fleuve de Tendre,
Naviger à souhait, tout dire, & tout entendre.
Et ne présume pas que Venus, ou Sathan
Souffre qu'elle en demeure aux termes du Roman.
Dans le crime il suffit qu'une fois on débute,
Une chûte toûjours attire une autre chûte.
L'Honneur est comme une Isle escarpée & sans bords.
On n'y peut plus rentrer dés qu'on en est dehors.
Peut-estre avant deux ans ardente à te déplaire,
E'prise d'un Cadet, yvre d'un Mousquetaire,
Nous la verrons hanter les plus honteux brelans,
Donner chés la Cornu rendés-vous aux Galans ;

SATIRE.

De Phêdre dédaignant la pudeur enfantine,
Suivre à front découvert Z... & Meſſaline :
Conter pour grands exploits vingt-hommes rüinés,
Bleſſés, battus pour Elle, & quatre aſſaſſinés.
Trop heureux ! ſi toûjours ainſi déſordonnée,
Sans meſure & ſans regle au vice abandonnée,
Par cent traits d'impudence aiſés à ramaſſer,
Elle t'acquiert au moins un droit pour la chaſſer.

 Mais que deviendras-tu ? ſi, folle en ſon caprice,
N'aimant que le ſcandale & l'éclat dans le vice,
Bien moins pour ſon plaiſir, que pour t'inquieter,
Au fond peu vicieuſe elle aime à coqueter ?
Entre nous, verras-tu, d'un eſprit bien tranquille,
Chés ta Femme aborder & la Cour & la Ville ?
Tout hormis toi, chés toi, rencontre un doux acueil.
L'un eſt payé d'un mot, & l'autre d'un coup d'œil.
Ce n'eſt que pour toi ſeul qu'elle eſt fiere & chagrine,
Aux autres elle eſt douce, agreable, badine :
C'eſt pour eux qu'elle étale & l'or, & le brocard ;
Que chés toi ſe prodigue & le rouge & le fard,
Et qu'une main ſçavante, avec tant d'artifice,
Baſtit de ſes cheveux le galant édifice.
Dans ſa chambre, croy moi, n'entre point tout le jour.
Si tu veux poſſeder ta Lucrece à ton tour ;
Atten, diſcret Mari, que la Belle en cornete
Le ſoir ait étalé ſon teint ſur la toilete,

              Et

Et dans quatre mouchoirs de sa beauté salis
Envoye au Blanchisseur ses roses & ses lys.
Alors tu peux entrer : mais sage en sa présence
Ne va pas murmurer de sa folle dépense.
D'abord l'argent en main paye & viste & comptant.
Mais non ; fay mine un peu d'en estre mécontent.
Pour la voir aussi-tost sur ses deux piés haussée
Déplorer sa vertu si mal recompensée.
Un Mari ne veut pas fournir à ses besoins.
Jamais Femme aprés tout a-t-elle cousté moins ?
A cinq cens louis d'or tout au plus chaque année
Sa dépense en habits n'est-elle pas bornée ?
Que répondre ? Je voy, qu'à de si justes cris
Toi-mesme convaincu déja tu t'attendris,
Tout prest à la laisser, pourveu qu'elle s'appaise,
Dans ton cofre en pleins sacs puiser tout à son aise.

 A quoi bon en effet t'allarmer de si peu ?
Hé que seroit-ce donc, si le Demon du jeu
Versant dans son esprit sa ruineuse rage,
Tous les jours mis par elle à deux doigts du naufrage
Tu voyois tous tes biens au sort abandonnés
Devenir le butin d'un pique ou d'un sonnés ?
Le doux charme pour toi ! de voir, chaque journée,
De nobles Champions ta Femme environnée,
Sur une table longue & façonnée exprés
D'un Tournois de bassette ordonner les aprests :

B

Ou, si par un arrest la grossiere Police
D'un jeu si necessaire interdit l'exercice,
Ouvrir sur cette table un champ au Lansquenet,
Ou promener trois dés chassés de son cornet :
Puis sur une autre table, avec un air plus sombre,
S'en aller mediter une vole au jeu d'Ombre :
S'écrier sur un as mal à propos jetté :
Se plaindre d'un gâno qu'on n'a point écouté,
Ou, querellant tout bas le Ciel qu'elle regarde,
A la Beste gemir d'un Roy venu sans garde.
Chés elle en ces emplois, l'Aube du lendemain
Souvent la trouve encor les cartes à la main.
Alors pour se coucher les quittant, non sans peine,
Elle plaint le malheur de la Nature humaine
Qui veut qu'en un sommeil, où tout s'ensevelit,
Tant d'heures sans joüer se consument au lit.
Toutefois en partant la Troupe la console,
Et d'un prochain retour chacun donne parole.
C'est ainsi qu'une Femme en doux amusemens
Sçait du temps qui s'envôle employer les momens,
C'est ainsi que souvent par une Forcenée
Une triste Famille à l'hospital traînée,
Void ses biens en decret sur tous les murs écrits,
De sa déroute illustre effrayer tout Paris.
 Mais que plûtost son jeu mille fois te ruine,
Que si la famelique & honteuse Lézine

Venant mal à propos la saisir au collet,
Elle te reduisoit à vivre sans valet,
Comme ce Magistrat, de hideuse memoire,
Dont je veux bien ici te crayonner l'histoire.
Dans la Robbe on vantoit son illustre Maison.
Il estoit plein d'esprit, de sens, & de raison.
Seulement pour l'argent un peu trop de foiblesse
De ces vertus en lui ravaloit la noblesse.
Sa table toutefois, sans superfluité,
N'avoit rien que d'honneste en sa frugalité :
Chés lui deux bons chevaux de pareille encolûre
Trouvoient dans l'écurie une pleine pasture,
Et du foin, que leur bouche au ratelier laissoit,
De surcroist une mule encor se nourrissoit.
Mais cette soif de l'or qui le brûloit dans l'ame
Le fit enfin songer à choisir une Femme ;
Et l'honneur dans ce choix ne fut point regardé.
Vers son triste penchant son naturel guidé
Le fit dans une avare & sordide famille
Chercher un monstre affreux sous l'habit d'une fille,
Et sans trop s'enquerir d'où la Laide venoit,
Il sçût, ce fut assés, l'argent qu'on lui donnoit.
Rien ne le rebutta ; ni sa veuë éraillée
Ni sa masse de chair bizarrement taillée ;
Et trois cens mille francs avec elle obtenus
La firent à ses yeux plus belle que Vénus.

Il l'épouse, & bien-tost son Hostesse nouvelle
Le preschant, lui fit voir, qu'il estoit au prix d'elle,
Un vrai dissipateur, un parfait debauché.
Lui-mesme le sentit, reconnut son peché,
Se confessa prodigue, & plein de repentance
Offrit sur ses avis de regler sa dépense.
Aussi-tost de chés eux tout rosti disparut:
Le pain bis renfermé d'une moitié décrut:
Les deux chevaux, la mule au marché s'envolerent:
Deux grands Laquais à jeun sur le soir s'en allerent;
De ces Coquins déja l'on se trouvoit lassé,
Et pour n'en plus revoir le reste fut chassé.
Deux Servantes déja largement souffletées
Avoient à coups de pié descendu les montées,
Et se voyant enfin hors de ce triste lieu
Dans la ruë en avoient rendu graces à Dieu.
Un vieux Valet restoit, seul cheri de son Maistre,
Que toûjours il servit, & qu'il avoit veu naistre,
Et qui de quelque somme amassée au bon temps
Vivoit encor chés eux, partie à ses dépens.
Sa veüe embarrassoit ; il fallut s'en défaire :
Il fut de la maison chassé comme un Corsaire.
Voilà nos deux Epoux sans valets, sans enfans,
Tous seuls dans leur logis libres & triomphans.
Alors on ne mit plus de borne à la lézine :
On condamna la cave, on ferma la cuisine ;

Pour ne s'en point servir aux plus rigoureux mois,
Dans le fond d'un grenier on sequestra le bois.
L'un & l'autre dés-lors vécut à l'aventure
Des présens, qu'à l'abri de la Magistrature,
Le Mari quelquefois des Plaideurs extorquoit,
Ou de ce que la Femme aux voisins excroquoit.
   Mais peut-estre j'invente une fable frivole.
Déments donc tout Paris, qui prenant la parole,
Sur ce sujet encor de bons témoins pourveû,
Tout prest à le prouver, te dira : Je l'ay veû.
Vingt ans j'ay veû ce Couple uni d'un mesme vice
A tous mes Habitans montrer que l'avarice
Peut faire dans les biens trouver la pauvreté,
Et nous reduire à pis que la mendicité.
Des voleurs qui chez eux pleins d'esperance entrerent
A la fin un beau jour tous deux les massacrerent :
Digne & funeste fruit du nœud le plus affreux
Dont l'Hymen ayt jamais uni deux Malheureux !
   Ce recit passe un peu l'ordinaire mesure.
Mais un exemple enfin si digne de censure
Peut-il dans la Satire occuper moins de mots ?
Chacun sçait son métier. Suivons nostre propos.
Nouveau Prédicateur aujourd'hui, je l'avouë,
Ecolier, ou plûtost singe de Bourdaloue,
Je me plais à remplir mes sermons de portraits.
En voila déja trois peints d'assez heureux traits,

SATIRE.

La Femme sans honneur, la Coquette, & l'Avare.
Il faut y joindre encor la revesche Bizarre,
Qui sans cesse, d'un ton par la colere aigri,
Gronde, choque, dément, contredit un Mari.
Il n'est point de repos ni de paix avec elle.
Son mariage n'est qu'une longue querelle.
Laisse-t-elle un moment respirer son Epoux ?
Ses valets sont d'abord l'objet de son couroux,
Et sur le ton grondeur, lorsqu'elle les harangue,
Il faut voir de quels mots elle enrichit la langue.
Ma plume ici traçant ces mots par alphabet,
Pourroit d'un nouveau tôme augmenter Richelet.
Tu crains peu d'essuyer cette étrange furie.
En trop bon lieu, dis-tu, ton Epouse nourie
Jamais de tels discours ne te rendra martyr.
Mais eust-elle sucé la raison dans Saint Cyr,
Crois-tu que d'une fille humble, honneste, charmante,
L'Hymen n'ait jamais fait de femme extravagante ?
Combien n'a-t-on point veu de Belles aux doux yeux,
Avant le mariage, Anges si gracieux,
Tout-à-coup se changeant en Bourgeoises sauvages,
Vrais Démons, apporter l'Enfer dans leurs ménages,
Et découvrant l'orgueil de leurs rudes esprits,
Sous leur fontange altiere asservir leurs Maris ?
 Et puis, quelque douceur dont brille ton Epouse,
Penses-tu, si jamais elle devient jalouse,

SATIRE.

Que son ame livrée à ses tristes soupçons,
De la raison encore écoute les leçons?
Alors, Alcippe, alors, tu verras de ses œuvres.
Resou-toy, pauvre Epoux, à vivre de couleuvres:
A la voir tous les jours, dans ses fougueux accez,
A ton geste, à ton rire intenter un procez:
Souvent de ta maison gardant les avenuës,
Les cheveux herissez, t'attendre au coin des ruës:
Te trouver en des lieux de vingt portes fermés,
Et par tout où tu vas, dans ses yeux enflammés,
T'offrir, non pas d'Isis la tranquile Eumenide, *
Mais la vraye Alecto peinte dans l'Eneïde,
Un tison à la main chez le Roy Latinus,
Souflant sa rage au sein d'Amate & de Turnus.
Mais quoy? je chausse ici le cothurne Tragique:
Reprenons au plûtost le brodequin Comique,
Et d'objets moins affreux songeons à te parler.

Dy-moy donc, laissant là cette Folle heurler,
T'accommodes-tu mieux de ces douces Ménades,
Qui dans leurs vains chagrins sans mal toûjours malades,
Se font des mois entiers sur un lit effronté,
Traiter d'une visible & parfaite santé;
Et douze fois par jour, dans leur molle indolence,
Aux yeux de leurs Maris tombent en defaillance?
Quel sujet, dira l'un, peut donc si frequemment
Mettre ainsi cette Belle aux bords du monument?

*Furie dans l'Opera d'Isis, qui demeure presque toûjours à ne rien faire.

*La Parque raviſſant ou ſon fils ou ſa fille,
A-t-elle moiſſonné l'eſpoir de ſa famille ?
Non : il eſt queſtion de reduire un Mari
A chaſſer un Valet dans la maiſon cheri,
Et qui, parce qu'il plaiſt, a trop ſceu lui déplaire ;
Ou de rompre un voyage utile & neceſſaire :
Mais qui la priveroit huit jours de ſes plaiſirs,
Et qui loin d'un Galant objet de ſes deſirs...
O ! que pour la punir de cette Comedie,
Ne lui voy-je une vraye & triſte maladie !
Mais ne nous fâchons point. Peut-eſtre avant deux jours,
Courtois & Dunyau mandés à ſon ſecours,
Digne ouvrage de l'Art dont Hipocrate traite !
Lui ſçauront bien oſter cette ſanté d'Athlete :
Pour conſumer l'humeur qui fait ſon embonpoint,
Lui donner ſagement le mal qu'elle n'a point,
Et fuyant de Fagon les maximes énormes,
Au tombeau merité la mettre dans les formes.
Dieu veüille avoir ſon ame, & nous délivre d'eux.
Pour moy grand ennemi de leur art hazardeux,
Je ne puis cette fois que je ne les excuſe.
Mais à quels vains diſcours eſt-ce que je m'amuſe ?
Il faut ſur des ſujets plus grands, plus curieux,
Attacher de ce pas ton eſprit & tes yeux.
   Qui s'offrira d'abord ? Bon, c'eſt cette Sçavante
Qu'eſtime Roberval, & que Sauveur frequente.*

D'où

SATIRE.

D'où vient qu'elle a l'œil trouble, & le teint si terni ?
C'est que sur le calcul, dit-on, de Cassini,
Un astrolabe en main, elle a dans sa goutiere
A suivre Jupiter passé la nuit entiere.
Gardons de la troubler. Sa science, je croy,
Aura pour s'occuper ce jour plus d'un employ.
D'un nouveau microscope on doit en sa presence
Tantost chez Dalancé faire l'experience ;
Puis d'une femme morte, avec son embryon,
Il faut chez Du Vernay voir la dissection.
Rien n'échappe aux regards de nostre Curieuse.
    Mais qui vient sur ses pas ? C'est une Précieuse,
Reste de ces Esprits jadis si renommez,
Que d'un coup de son art Moliere a diffamez.
De tous leurs sentimens cette noble heritiere
Maintient encore ici leur secte façonniere.
C'est chez elle toûjours que les fades Auteurs
S'en vont se consoler du mépris des Lecteurs.
Elle y reçoit leur plainte, & sa docte demeure
Aux Perrins, aux Corras, est ouverte à toute heure.
Là du faux bel esprit se tiennent les bureaux.
Là tous les vers sont bos, pourveu qu'ils soient nouveaux.
Au mauvais goust public la Belle y fait la guerre :
Plaint Pradon opprimé des sifflets du Parterre ;
Rit des vains Amateurs du Grec & du Latin ;
Dans la balance met Aristote & Cotin ;

C

SATIRE.

Puis, d'une main encor plus fine & plus habile,
Peze sans passion Chapelain & Virgile;
Remarque en ce dernier beaucoup de pauvretés;
Mais pourtant confessant qu'il a quelques beautés,
Ne trouve en Chapelain, quoy qu'ayt dit la Satire,
Autre défaut, sinon, qu'on ne le sçauroit lire;
Et croit qu'on pourra mesme enfin le lire un jour, *
Quand la langue vieillie ayant changé de tour,
On ne sentira plus la barbare structure
De ses expressions mises à la torture;
S'étonne cependant, d'où vient que chez Coignard
Le Saint Paulin * écrit avec un si grand art,
Et d'une plume douce, aisée, & naturelle,
Pourit vingt fois encor moins leu que la Pucelle.
Elle en accuse alors nostre Siecle infecté
Du pedantesque goust qu'ont pour l'Antiquité
Magistrats, Princes, Ducs, & mesme Fils de France,
Qui lisent sans rougir & Virgile & Terence;
Et toûjours pour P** pleins d'un dégoust malin,
Ne sçavent pas s'il est au monde un Saint Paulin.
 A quoy bon m'étaler cette bizarre Ecole,
Du mauvais sens, dis-tu, presché par une Folle?
De livres & d'écrits bourgeois admirateur
Vai-je épouser ici quelque apprentie Auteur?
Sçavez-vous que l'Epouse, avec qui je me lie,
Compte entre ses parens des Princes d'Italie?

* Paroles de M. P** dans ses Dialogues à propos de Chapelain.

* Poëme de M. P.

Sort d'Ayeux dont les noms... Je t'entens, & je voy
D'où vient que tu t'es fait Secretaire du Roy.
Il falloit de ce titre appuyer ta naissance.
Cependant, t'avoûrai-je ici mon insolence ?
Si quelque objet pareil chez moy, deçà les Monts,
Pour m'épouser entroit avec tous ces grands noms,
Le sourci rehaussé d'orgueilleuses chimeres ;
Je lui dirois bien-tost : Je connois tous vos Peres :
Je sçay qu'ils ont brillé dans ce fameux combat *   *Combat
Où sous l'un des Valois Enguien sauva l'Etat.   de Cerizoles
Varillas n'en dit rien : mais, quoy qu'il en puisse estre,   gagné par le Duc
Je ne suis point si sot que d'épouzer mon maistre.   d'Enguien en Italie.
Ainsi donc au plûtost délogeant de ces lieux,
Allez, Princesse, allez avec tous vos Ayeux,
Sur le pompeux debris des lances Espagnoles,
Coucher, si vous voulez, aux champs de Cerizoles.
Ma maison ni mon lit ne sont point faits pour vous.
    J'admire, poursuis-tu, vostre noble couroux.
Souvenez-vous pourtant que ma famille illustre
De l'assistance au sceau ne tire point son lustre :
Et que né dans Paris de Magistrats connus,
Je ne suis point ici de ces Nouveaux venus,
De ces Nobles sans nom, que par plus d'une voye
La Province souvent en guestres nous envoye.
Mais eussai-je comme eux des Meûniers pour parens,
Mon Epouse vinst-elle encor d'Ayeux plus grands,

C ij

SATIRE.

On ne la verroit point, vantant son origine,
A son triste Mari reprocher la farine.
Son cœur toûjours nouri dans la devotion,
De trop bonne heure apprit l'humiliation :
Et pour vous détromper de la pensée étrange,
Que l'Hymen aujourd'hui la corrompe & la change :
Sçachez qu'en nostre accord elle a pour premier point,
Exigé, qu'un Epoux ne la contraindroit point
A traisner aprés elle un pompeux équipage,
Ni sur tout de souffrir, par un profâne usage,
Qu'à l'Eglise jamais devant le Dieu jaloux
Un fastueux carreau soit veû sous ses genoux.
Telle est l'humble vertu qui dans son ame empreinte...
Je le voy bien, Tu vas épouser une Sainte :
Et dans tout ce grand zele il n'est rien d'affecté.
Sçais-tu bien cependant, sous cette humilité,
L'orgueil que quelquefois nous cache une Bigote,
Alcippe, & connois-tu la nation devote ?
Il te faut de ce pas en tracer quelques traits,
Et par ce grand portrait finir tous mes portraits.

   A la Ville, à la Cour on trouve, je l'avouë,
Des Femmes dont le zele est digne qu'on le louë,
Qui s'occupent du bien en tout temps, en tout lieu.
J'en sçais Une cherie & du Monde & de Dieu,
Humble dans les grandeurs, sage dans la fortune ;
Qui gemit, comme Esther, de sa gloire importune :

SATIRE.

Que le Vice lui-mesme est contraint d'estimer,
Et que sur ce tableau d'abord tu vas nommer.
Mais pour quelques Vertus si pures, si sinceres,
Combien y trouve-t-on d'impudentes Faussaires,
Qui sous un vain dehors d'austere pieté
De leurs crimes secrets cherchent l'impunité,
Et couvrent de Dieu mesme empraint sur leur visage
De leurs honteux plaisirs l'affreux libertinage?
N'atten pas qu'à tes yeux j'aille ici l'étaler.
Il vaut mieux le souffrir que de le dévoiler.
De leurs galans exploits les Bussis, les Brantômes
Pouroient avec plaisir te compiler des tômes:
Mais pour moy dont le front trop aisément rougit,
Ma bouche a déja peur de t'en avoir trop dit.
Rien n'égale en fureur, en monstrueux caprices,
Une fausse Vertu qui s'abandonne aux vices.

 De ces Femmes pourtant l'hypocrite noirceur
Au moins pour un Mari garde quelque douceur.
Je les aime encor mieux qu'une Bigotte altiere
Qui dans son fol orgueil, aveugle, & sans lumiere,
A peine sur le seüil de la devotion
Pense atteindre au sommet de la perfection:
Qui du soin qu'elle prend de me gesner sans cesse
Va quatre fois par mois se vanter à confesse,
Et les yeux vers le Ciel, pour se le faire ouvrir
Offre à Dieu les tourmens qu'elle me fait souffrir.

Sur cent pieux devoirs aux Saints elle est égale :
Elle lit Rodriguez, fait l'oraison mentale,
Va pour les malheureux quester dans les maisons,
Hante les hospitaux, visite les prisons,
Tous les jours à l'Eglise entend jusqu'à six messes :
Mais de combatre en elle, & domter ses foiblesses,
Sur le fard, sur le jeu vaincre sa passion,
Mettre un frein à son luxe, à son ambition,
Et soûmetre l'orgueil de son esprit rebelle,
C'est ce qu'envain le Ciel voudroit exiger d'elle.
Et peut-il, dira-t-elle, en effet l'exiger ?
Elle a son Directeur, c'est à luy d'en juger.
Il faut, sans differer, sçavoir ce qu'il en pense.
Bon ! vers nous à propos je le voy qui s'avance.
Qu'il paroist bien nouri ! Quel vermillon ! Quel teint !
Le Printemps dans sa fleur sur son visage est peint.
Cependant, à l'entendre, il se soûtient à peine.
Il eut encore hier la fiévre & la migraine ;
Et sans les promts secours qu'on prit soin d'apporter,
Il seroit sur son lit peut-estre à tremblotter.
Mais de tous les Mortels, grace aux devotes Ames,
Nul n'est si bien soigné qu'un Directeur de Femmes.
Quelque leger dégoust vient-il le travailler ?
Une foible vapeur le fait-elle bâailler ?
Un escadron coëffé d'abord court à son ayde :
L'une chauffe un bouillon, l'autre appreste un remede ;

SATIRE.

Chez lui syrops exquis, ratafias vantés,
Confitures sur tout volent de tous costés :
Car de tous mets sucrez, secs, en paste, ou liquides,
Les estomachs devots toûjours furent avides :
Le premier masse-pain pour eux, je croy, se fit,
Et le premier citron à Roüen fut confit.

    Nostre Docteur bien-tost va lever tous ses doutes,
Du Paradis pour elle il applanit les routes ;
Et, loin sur ses defauts de la mortifier,
Lui-mesme prend le soin de la justifier.
Pourquoy vous alarmer d'une vaine censure ?
Du rouge qu'on vous void on s'étonne, on murmure,
Mais a-t-on, dira-t-il, sujet de s'étonner ?
Est-ce qu'à faire peur on veut vous condamner ?
Aux usages receûs il faut qu'on s'accommode.
Une Femme sur tout doit tribut à la Mode.
L'orgueil brille, dit-on, sur vos pompeux habits :
L'œil à peine soûtient l'éclat de vos rubis.
Dieu veut-il qu'on étale un luxe si profane ?
Oüi, lors qu'à l'étaler nostre rang nous condamne.
Mais ce grand jeu chez vous comment l'autorizer ?
Le jeu fut de tout temps permis pour s'amuzer.
On ne peut pas toûjours travailler, prier, lire.
Il vaut mieux s'occuper à joüer qu'à médire.
Le plus grand jeu joüé dans cette intention,
Peut mesme devenir une bonne action.

Tout est sanctifié par une ame pieuse.
Vous estes, poursuit-on, avide, ambitieuse.
Sans cesse vous brûlez de voir tous vos parens
Engloutir à la Cour charges, dignitez, rangs.
Vostre bon naturel en cela pour Eux brille.
Dieu ne nous deffend point d'aimer nostre famille.
D'ailleurs tous vos parens sont sages, vertueux.
Il est bon d'empescher ces emplois fastueux
D'estre donnez peut-estre à des Ames mondaines,
E´prises du neant des vanitez humaines.
Laissez-là, croyez-moy, gronder les Indevots,
Et sur vostre salut demeurez en repos.
 Sur tous ces points douteux c'est ainsi qu'il prononce.
Alors croyant d'un Ange entendre la réponse,
Sa Devote s'incline, & calmant son esprit,
A cet ordre d'en haut sans replique souscrit.
Ainsi, pleine d'erreurs, qu'elle croit legitimes,
Sa tranquille vertu conserve tous ses crimes,
Dans un cœur tous les jours nouri du Sacrement
Maintient la vanité, l'orgueil, l'entestement,
Et croit que devant Dieu ses frequens sacrileges
Sont pour entrer au Ciel d'asseurez privileges.
Voila le digne fruit des soins de son Docteur !
Encore est-ce beaucoup, si ce Guide imposteur,
Par les chemins fleuris d'un charmant Quietisme
Tout-à-coup l'amenant au vrai Molinozisme,

Il

SATIRE.

Il ne lui fait bien-tost, aidée de Lucifer,
Gouster en Paradis les plaisirs de l'Enfer.
    Mais dans ce doux état molle, délicieuse,
La hais-tu plus, dy-moy, que cette Bilieuse,
Qui follement outrée en sa severité,
Baptizant son chagrin du nom de pieté,
Dans sa charité fausse, où l'amour propre abonde,
Croit que c'est aimer Dieu que haïr tout le monde?
Il n'est rien où d'abord son soupçon attaché
Ne présume du crime, & ne trouve un peché.
Pour une Fille honneste & pleine d'innocence,
Croit-elle en ses valets voir quelque complaisance?
Reputés criminels, les voila tous chassés,
Et chez elle à l'instant par d'autres remplacés.
Son Mari qu'une affaire appelle dans la Ville,
Et qui chez lui, sortant, a tout laissé tranquile,
Se trouve assez surpris, rentrant dans la maison,
De voir que le Portier lui demande son nom,
Et que dans son logis, fait neuf en son absence,
Il cherche vainement quelqu'un de connoissance.
    Fort bien : Le trait est bon. Dans les Femmes, dis-tu,
Enfin vous n'approuvez ni vice, ni vertu.
Voila le Sexe peint d'une noble maniere,
Et Theophraste mesme aidé de la Bruyere,
Ne m'en pourroit pas faire un plus riche tableau.
C'est assez : Il est temps de quitter le pinceau.

D

SATIRE.

Vous avez desormais épuisé la Satire.
Epuisé, cher Alcippe ! Ah, tu me ferois rire !
Sur ce vaste sujet si j'allois tout tracer,
Tu verrois sous ma main des tômes s'amasser.
Dans le Sexe j'ay peint la pieté caustique.
Et que seroit-ce donc, si Censeur plus tragique
J'allois t'y faire voir l'atheïsme établi,
Et non moins que l'honneur, le Ciel mis en oubli :
Si j'allois t'y montrer plus d'une Capanée,
Pour souveraine Loy mettant la Destinée,
Du tonnerre dans l'air bravant les vains carreaux,
Et nous parlant de Dieu du ton de Des-Barreaux ?
  Mais sans aller chercher cette Femme infernale,
T'ay-je encor peint, dy-moy, la fantasque Inégale,
Qui m'aimant le matin, souvent me hait le soir ?
T'ay-je peint la Maligne aux yeux faux, au cœur noir ?
T'ay-je encore exprimé la brusque Impertinente ?
T'ay-je tracé la Vieille à morgue dominante,
Qui veut, vingt ans encore aprés le Sacrement,
Exiger d'un Mari les respects d'un Amant ?
T'ay-je fait voir de joye une Belle animée,
Qui souvent d'un repas sortant toute enfumée,
Fait mesme à ses Amans trop foibles d'estomach
Redouter ses baisers pleins d'ail & de tabac ?
T'ay-je encore décrit la Dame brelandiere,
Qui des Joüeurs chez soy se fait Cabaretiere,

SATIRE.

Et souffre des affronts que ne souffriroit pas
L'Hostesse d'une Auberge à dix sous par repas ?
Ay-je offert à tes yeux ces tristes Tysiphones,
Ces monstres pleins d'un fiel que n'ont point les Liones,
Qui prenant en dégoust les fruits nés de leur flanc,
S'irritent sans raison contre leur propre sang,
Toûjours en des fureurs que les plaintes aigrissent,
Battent dans leurs Enfans l'Epoux qu'elles haïssent,
Et font de leur maison digne de Phalaris,
Un séjour de douleur, de larmes & de cris ?
Enfin t'ay-je dépeint la Superstitieuse,
La Pédante au ton fier, la Bourgeoise ennuieuse,
Celle qui de son chat fait son seul entretien,
Celle qui toûjours parle, & ne dit jamais rien ?
Il en est des milliers : mais ma bouche enfin lasse
Des trois quarts, pour le moins, veut bien te faire grace.
   J'entens. C'est pousser loin la moderation !
Ah ! finissez, dis-tu, la declamation.
Pensez-vous qu'ébloüi de vos vaines paroles,
J'ignore, qu'en effet tous ces discours frivoles
Ne sont qu'un badinage, un simple jeu d'esprit
D'un Censeur, dans le fond, qui folastre & qui rit,
Plein du mesme projet qui vous vint dans la teste,
Quand vous plaçastes l'Homme au dessous de la Beste ?
Mais enfin vous & moy c'est assez badiner.
Il est temps de conclure ; & pour tout terminer,

D ij

Je ne diray qu'un mot. La Fille qui m'enchante,
Noble, sage, modeste, humble, honneste, touchante,
N'a pas un des défauts que vous m'avez fait voir.
Si par un sort pourtant qu'on ne peut concevoir,
La Belle tout à coup renduë insociable,
D'Ange, ce sont vos mots, se transformoit en Diable:
Vous me verriez bien-tost, sans me desesperer,
Lui dire : Hé bien, Madame, il faut nous separer.
Nous ne sommes pas faits, je le voy, l'un pour l'autre:
Mon bien se monte à tant ; Tenez, voila le vostre :
Partez: Délivrons-nous d'un mutuël souci.
    Alcippe, tu crois donc, qu'on se sépare ainsi ?
Pour sortir de chez toy, sur cette offre offensante,
As-tu donc oublié qu'il faut qu'elle y consente ?
Et crois-tu qu'aisément elle puisse quitter
Le savoureux plaisir de t'y persecuter ?
Bien-tost son Procureur pour elle usant sa plume,
De ses pretentions va t'offrir un volume.
Car, grace au Droit receu chez les Parisiens,
Gens de douce nature, & Maris bons Chrestiens,
Dans ses pretentions une Femme est sans borne.
Alcippe, à ce discours je te trouve un peu morne.
Des Arbitres, dis-tu, pourront nous accorder.
Des Arbitres .. Tu crois l'empescher de plaider ?
Sur ton chagrin déja contente d'elle-mesme,
Ce n'est point tous ses droits, c'est le procez qu'elle aime.

SATIRE.

Pour elle un bout d'arpent, qu'il faudra disputer,
Vaut mieux qu'un fief entier acquis sans contester.
Avec elle il n'est point de droit qui s'éclaircisse,
Point de procez si vieux qui ne se rajeunisse;
Et sur l'art de former un nouvel embarras,
Devant elle Rolet mettroit pavillon bas.
Croy-moy, pour la fléchir trouve enfin quelque voye:
Ou je ne répons pas, dans peu qu'on ne te voye
Sous le faix des procez abbattu, consterné,
Triste, à pié, sans Laquais, maigre, sec, ruiné,
Vingt fois dans ton malheur resolu de te pendre,
Et, pour comble de maux, reduit à la reprendre.

FIN.

EXTRAIT DU PRIVILEGE
du Roy.

PAr grace & Privilege du Roy, en datte du 31. Decembre 1683. Signé le Petit. Il est permis au Sieur D *** de faire imprimer divers Ouvrages qu'il a composés, sçavoir *ses Satires, l'Art Poëtique en vers, un Poëme intitulé le Lutrin, plusieurs Dialogues, Discours, & Epistres en vers, & la Traduction de Longin.* Et défenses sont faites à toutes personnes de quelque qualité & condition qu'elles soient, d'imprimer, faire imprimer ou vendre lesdits Ouvrages, pendant l'espace de quinze années, à compter du jour que le precedent Privilege sera expiré, d'autres éditions que de celles qui seront imprimées par ceux qui auront droit dudit Sieur D *** sous peine de trois mille livres d'amende, &c. ainsi qu'il est plus au long contenu dans ledit Privilege.

Registré sur le Livre de la Communauté des Libraires & Imprimeurs de Paris, le 14 Janvier 1684. suivant l'Arrest du Parlement du 8. Avril 1653. & celuy du Conseil Privé du Roy, du 27. Fevrier 1665. Signé, C. ANGOT, Syndic.

Ledit Sieur D *** a cedé son droit de Privilege à DENYS THIERRY.

Achevé d'imprimer pour la premiere fois, en vertu du Privilege cy-dessus, le quatrième Mars 1694.

www.ingramcontent.com/pod-product-compliance
Lightning Source LLC
Chambersburg PA
CBHW060715050426
42451CB00010B/1449